Live
the best
yourself

感動の創造

新訳
中村天風の言葉

平野秀典

講談社

他人《ひと》の喜ぶような言葉や行いを、
自分の人生の楽しみとするという
尊い気分になって生きてごらん。

——『盛大な人生』

プロローグ

巨人の肩の上に乗って

「あなたはなぜ、そんなに素晴らしい発見をすることができたのですか？」

「私がかなたを見渡せたのだとしたら、それはひとえに、巨人の肩の上に乗っていたからです」


これは、アイザック・ニュートンが、知人に宛てた手紙の中で書いたと言われる言葉です。

「巨人の肩の上に乗って」とは、先人の積み重ねた発見に基づいて何かを発見することを指すメタファー（比喩）のこと。

アイザック・ニュートンに限らず、レオナルド・ダ・ヴィンチ、ソクラテスなど、歴史上の天才たちがもたらした発見や成果に加え、高度情報化社会に生きる私たちは、最先端の情報や画像や映像、同時代の成功者たちが発する言葉や現在進行形の偉業など、「膨大な情報という巨人の肩の上」に乗って21世紀の世界を見つめています。

誰もが偉人にはなれませんが、誰もが小さな巨人にはなれます。

そして、見える景色は、どんな巨人の肩の上に乗るのかで違ってきます。

本書では、松下幸之助、稲盛和夫、ロックフェラー三世など財界人から、原敬などの政治家、芸能人やスポーツ選手まで、各界トップたちに絶大な影響を与え続けている成功哲学の日本最高峰、中村天風師の肩を借りて、今と未来の景色を見渡してみようと思います。

中村天風。本名中村三郎。

人間が自分の力を最大限に使い、幸せに生きるためのメソッド「心身統一法」を伝え続けて五十年、九十二歳でその劇的な生涯を閉じました。

日露戦争では軍事探偵として活躍し、終戦後、当時は死病と言われた肺結核を発病し、救いを求めてアメリカやヨーロッパに渡るも、求めていたものは得られず、死ぬならせめて日本でと帰国の途中、インドのヨガ哲学者カリアッパ師と運命的な出会いをします。ヒマラヤ山脈の麓で三年近く修行をし、ついに悟りを得、肺結核も完治してしまいます。

日本に戻り、銀行や電力など複数の企業の経営に参画し、家を五軒持ち、葉山、江の島に別荘も持って、道楽と贅沢の限りを尽くしていましたが、充実感とは程遠い生活に、天風師の心は疲れていました。

そんな中、ふとしたことから自分のスピーチが人の役に立つことに心底感動し、すべての社会的地位を放棄して、一九一九年六月八日、上野公園にて辻説法を始めました。

そのドラマティックな生涯については、たくさんの本で詳細に伝えられていますので、そちらを参照いただければと思います。

中村天風師がその人生哲学を伝えるべく、上野精養軒の前で辻説法を始めてから、二〇一九年でちょうど百年を迎えます。

インターネットの時代となった今、表層的な言葉だけが溢《あふ》れ、深い学び、思索、人間としての大いなる発見体験が極度に失われています。

「人間は進化と向上に順応するために生まれてきた」という中村天風師の教えに反し、人々は他人を貶《おとし》めるばかりとなり、進化する意思と努力を放棄し、停滞と衰退の風潮が色濃くなっています。

今ほど、天風師の教えが必要な時代はないように感じます。

天風師は、講演録『盛大な人生』の「人生の一番大切な自覚」という章の中で、次のように語っています。

欲を捨てることはできない。
捨てようとすること自体が欲だから。
楽しい欲をどんどん燃やせ。
人の喜びをわが心の喜びとすることが、
最も尊い欲だ。

——『盛大な人生』

「人の喜びをわが心の喜びとする」、つまり、感動を共有することが最も尊い欲であり、最も大切な自覚であると断言しています。

欲は捨てることはできない。炎と燃やせと。

天風師は、感動についても次のように語っています。

感謝と歓喜の感情は、
我々の運命や、健康や、成功などを建設し、
または成就してくれる、力の流れを、
命の中へ導き入れ、
人生を輝かしく光明化する。

――『盛大な人生』

天風哲学が世に出るきっかけになったのは、スピーチの感動体験だったことや、それからの人生で、人の喜びを自身の喜びとするという尊い欲を思い切り燃やしたことからも、その人生舞台には、「感動」という重要なテーマがあったのではないか、と私は思うようになりました。

いくつかのご縁が重なり、百年続く成功哲学を、現代に生きる人たちに伝える活動を続けている公益財団法人天風会から依頼があり、天風会講師として活躍する方々へのセミナーの機会をいただきました。

そのときにお話ししたことの中で、皆様の関心と共感を強くいただいたトピックがありました。


「百年前も当時の最先端の医学や学問や哲学を学び自身のメソッドに取り入れていた中村天風先生が、もし今の世に生きていたら？」

「ブログを執筆し、SNSも使いこなしていたかもしれないし、そのときどんな言葉で、どんな切り口で表現するかを考えると、私はとてもワクワクしますが、皆さんはどう思われますか？」

「中村天風先生を畏敬する対象として崇めるだけでなく、運命を拓いてくれた偉大な先輩としてお慕いし、その教えとノウハウをもっと身近に感じながら、21世紀に生きる仲間と未来へ伝えていきましょう」

そんな想像を裏切る視点からの問いかけが、講師の方々の新鮮な気づきとインスピレーションを引き出したようで、皆様の瞳と表情が一斉に輝いたことを、今でもよく覚えています。

私は、天風会の講師でも会員でもありません。

父が生前、天風会講師と地方支部の代表をしていた関係から、幼少のころから天風哲学の影響を受けていました。

その延長上で、心の可能性に関心を持ち、演劇の舞台俳優とビジネスマンの二足の草鞋《わらじ》の経験から創出した「ドラマ思考」と「感動力」というメソッドを使って、独自に真理を探究する人生を歩みました。

現在は、企業を中心とした講演家として、感動を生み出す表現力向上の専門家として、またビジネス書作家として活動しています。

その客観的なスタンスとビジネスの現場で培った実践知から、これまでの天風関連書籍とはひと味違った切り口で、天風哲学を表現してみたいと思います。

私が中村天風師の肩の上に乗って眺めた景色には、「真善美」「絶対積極」「本領発揮」という三つの道（教えの神髄）が見えました。

それはまるで、人生舞台を実現するための、「脚本」と「演出」と「表現力」のドラマ創作三点セットに思え、不思議な納得感と既視感を覚えました。


天風哲学は、百年前に誕生した本格的で骨太の実践哲学であるため、初めて知る人には難解な要素も多いことから、中村天風師の著作物および講演録（巻末の参考文献参照）より言葉を抜粋・引用、または、意味を損なわない範囲で文章の再編集、語句の言い換えをさせていただいております。

天風哲学の重要な「キーワード（Keyword）」を各項目に抽出し、天風師が発した本質の言葉は、フォントの大きさを変え出典を明記、私が新訳した文章は、通常フォントで表現しています。

文章全体は、天風哲学の深遠な英知を、理解や理屈だけでなく、心と肚《はら》で感じ取れるよう、余分な説明や言い回しを一切省き、名優のセリフ回しのように、余白と余韻とリズムを加えてデザインしました。

第1章「真善美」では、天風師が教える理想の人間像、つまり万物の霊長であり、人の喜びをわが喜びとし、世の中の進化と向上に参加するために生まれてきた人間本来の姿を、「ヒーロー」と表現することで、理解と気づきを促進しました。

第2章「絶対積極」では、難解な絶対と相対の違いを、「ドラマ思考」の観点から解き明かし、幸福な人生と仕事の成功に活かすために、天風哲学を創造的関係性に翻訳しました。

第3章「本領発揮」では、最高の自分自身を創造する極意を、心身統一法から抜粋し、ドラマ思考と融合する形で、感動溢れる人生を実現する方法論としてまとめました。

百年の長きにわたり、多くの人の人生を豊かにし、成功を実現させ、灯台の灯りのように希望を与え続けてきた天風哲学こそ、〝誇るべき日本の哲学〟なのだということが、本書を通じて多くの人に知っていただけたら、望外の喜びです。

混迷の世界を感動の世界に変え、次の世代に引き継ぐ、小さな巨人が一人でも多く誕生するようにと願いを込めて。

読みながら見えた景色、腑に落ちた言葉が、あなたの人生を、かつてない感動と成功の地に導いていきますことを、心より願っています。

平野秀典

感動の創造　新訳 中村天風の言葉／目次

プロローグ　巨人の肩の上に乗って　3

第1章　真善美（ヒーローのテーマ）

誰もがヒーロー（万物の霊長）　24
ヒーローにはテーマが必要（真善美）　32
苦しい欲望と楽しい欲望の違い（尊い欲を燃やせ）　38
最高の人生シナリオの描き方（理想と想像）　46
日常に生きるヒーローになれ（暗かったら窓を開けろ）　52
悲しんでいるとき気持ちいいですか？（天命と宿命）　56
自分を牛耳る黒幕（実在意識と潜在意識）　60
ヒーローは夜つくられる（観念要素の更改）　64

反面教師が教えてくれるもの（美とは調和）　70
ビジネスを成功させる哲学的極意（善とは愛情）　74
人は成長するものに感動する（進化向上）　78

第2章　絶対積極（セルフプロデュース）

人生ドラマの楽しみ方（何かあるのが人生）　86
プラスもマイナスも抱きしめて（積極思考）　92
余分を削ると本来の自分が現れる（本来の面目）　98
前向きよりも上向き（宇宙霊）　104
人生の成功は掛け算で決まる（感応性能）　112
思考をプロデュースする方法（積極観念の養成）　116
口紅を希望に変える魔法（苦を楽しむ）　122

心が上流、運命が下流（心と体は命を使う道具） 128
プラス思考を超えて（第一義的人生） 132
競争から共奏へ（相対積極と絶対積極） 136
清濁併せ呑むと人は幸せになる（泰然不動） 140

第3章 本領発揮（最高の自分を創る）

さあ、最高の自分を演じよう（本領発揮） 146
ないものねだりよりあるもの磨き（潜勢力） 152
命を輝かせる共演者（心一つの置きどころ） 158
人を幸せにする言葉の力（言葉の積極化） 162
自分を活かし人を活かす（利己と利他） 168
感情的な人より感動的な人（有意注意力） 174

最強の自然体になる方法（クンバハカ） 180
心のスクリーンに何を描いているか（信念の煥発） 186
神頼みより気高い理想を（独立自尊） 192
「あり方」よりも「なり方」（情味） 196
感動の創造（楽しい欲望） 200
明日死を迎えるとしても（感情が運命を拓く） 210
悲しければ明日悲しもう（歓喜と感謝） 214

あとがき 219

エピローグ 寓話「あなたという贈り物」 225

Live
the best
yourself

感動の創造

新訳 中村天風の言葉

第1章

真善美（ヒーローのテーマ）

私の心には、どんな場合にも、
〝真〟〝善〟〝美〟以外のものは、
考えさせないようにしている。

——『運命を拓く』

Keyword

万物の霊長

誰もがヒーロー

人としてこの世に生まれ、
万物の霊長たる人間として人生を活きるために、
第一に知らねばならぬことは、
人間の〝いのち〟に、生まれながらに与えられた、
活《い》きる力に対する法則である。

——『運命を拓く』

洋の東西を問わず、人間は万物の霊長と言われる。
英語では、「The Lord of Creation」。創造の主人公。
誰もが皆、ヒーローになる資質を持ち合わせている。
ヒーローとは、誰かを助け、誰かを元気にし、
誰かの人生を輝かせ、その灯りで自らも輝く人。
人は皆、自分の持ち場でヒーローとして輝き、
人類の進化と向上に貢献するように生まれついている。

それなのに人生は、他人のことより自分のことで精一杯、
体は不調で、職場も家庭も不平不満はたまる一方。
心は不満や怒りで塞がって、運命には翻弄される。
それのどこがヒーローなのか？
しかし、自分の内側にあるヒーローご用達の道具の使い方を知ると、
万物の霊長である人間本来の姿に戻り、運命は一変する。
その道具の一つは、「思考の力」。

人生は舞台。人は皆ドラマの主人公。
自分の周りで起こる困難なドラマを乗り越え、
ハッピーエンドにすることが、ヒーローの使命。
「ヒーローにはピンチが必要だ」と言うと、
「その思考がピンチを引き寄せる」と解釈する人もいる。
しかし、人生は単一の色ではなく、
虹色のバリエーションで彩られる
エンターテインメントな舞台だ。

良いことしか起こらない人はいないし、
悪いことだけが起こる人もいない。
暗闇を知る人は、光の美しさを知り、
人の苦しみや悲しみを理解しながら、
ハッピーエンドへ導くことができる。
マイナスな出来事に苦しい気持ちで立ち向かうと、
苦しいアイデアや出来事が生まれ、
その結果、血と汗と涙で切り抜けることになる。

どう見てもマイナスに見える出来事でも、
ハッピーエンドへの伏線だと腑に落ちた人は、
ワクワクドキドキな積極心で取り組むことができる。
思考の軸を積極方向へ最適化するだけで、
本来の力が溢《あふ》れ出し、目の前の現実が変わる。
ヒーローは、夢を語らず、使命を語る。
ウルトラマンが地球の平和を守るのは、「夢」ではなく「使命」。
夢語りは自分のため、使命を遂行するのは人のため。

ヒーローが使命を遂行するとき、
それは人の役に立つと同時に、
自分自身の生きる喜びをも味わえる
自他感動の行為になる。
だからヒーローは、それぞれの持ち場で、
継続して輝くことができる。

人が 人の世のためを 本位として活きる時
その心の中に 卑しい不平不満の 火は燃えない。

——『真理のひびき』

ヒーローにはテーマが必要

私の心には、どんな場合にも、〝真〟〝善〟〝美〟以外のものは、考えさせないようにしている。

――『運命を拓く』

Keyword
真善美

人間の理想であり、
普遍的な価値観と言われるのが「真善美」。
ヒーローに必要な心の態度も「真善美」。
天風師もそれを人生のメインテーマとしていた。
そして、「真」とは「誠」、「善」とは「愛情」、
「美」とは「調和」であると教えてくれた。
ヒーローは、誠と愛情と調和で心を満たし、
気高い理想を描き、それを明確に想像し続けて、
感動のドラマを創造しながら、使命を果たしていく。

二度繰り返すことのできないこの人生、お一人様一回限り。
たくさんの感動を味わい、たくさんの感動を創造するには、
真実と、善きことと、美しいことを見逃さないこと。
真（誠）とは、正義の実行。
本心良心が発動すること。
発動したときの言葉や行いを、「誠心誠意」と言う。
そのとき心の力は最大化し、人を動かすパワーとなる。

ＳＮＳや電子機器が発達した今、
いつでもどこでも情報の受発信が可能になった。
大量の情報が飛び交うＳＮＳを眺めていると、　ふと思う。
ここで飛び交う素晴らしい言葉やノウハウを、
行動で実践している人はどれくらいいるのだろうかと。
もし実践したことを発信しているとしたら、
素晴らしい世の中になっているはずだと。

しかし現実はそうではなく、
知っているけれど、実践も行動もしない人が増えている。
情報が少ない時代には、「知らないことを知っている人」が
成功を手に入れる確率が高かった。
しかし、情報が無料で溢れる時代には、「言行一致の人」、
つまり、真（誠心誠意）を実践する人が、
成功への切符を手にする。

百の立派なことを言う人より、
一の大切なことを実践する人が、
人を幸福にする。

Keyword

尊い欲を燃やせ

苦しい欲望と楽しい欲望の違い

人は、できそうもないことを、
やらなければいけないと思い努力して、
なぜかそのことに一番悩んでいる。
それは何かと言えば、「捨欲」。
欲を捨てるということだと天風師は断言した。

宗教も倫理も道徳も学者も識者も、
長い間「欲を捨てればラクになる」と言い伝えてきた。
欲は捨てることはできない。
捨てようとすること自体「欲」なのだから。
できない相談、無駄な努力は卒業しよう。
人間が進化向上しようとするのも、
大自然の持つ一つの欲望なのだから。

欲に関して、忘れてならない大切なことがある。
欲望には「苦しい欲望」と「楽しい欲望」の二つある。
何も考えないと、普通の人間の心の中に燃えているのは、
本能満足と感覚満足と感情満足と理性満足。
この四つの欲は、生きるために必要な欲でもある。
しかし際限がないため、執着しすぎると、
「苦しい欲望」へと変化してしまう。
求めてもいいけれど、執着しないことと、
天風哲学では教えている。

しかし、執着してはいけないと思うと、
執着しないという執着が起こる。
思ってはいけないと思うと、
思ってはいけないことを思うまいとして思うと同じ。
それを乗り越えるには、
「人間の心は一度に一つしか考えられない」
という人類共通の特性を活用する。
楽しい欲を考えれば（切り替えれば）、
他のことは考えられない。

楽しい欲望の中で一番尊い欲望は、
自分の言葉や行動で他人を喜ばせること。
これは、四つの欲望よりもはるかにやさしいと天風師は言う。
自分を犠牲にして他人を喜ばせるのではなく、
他人の喜びをわが心の喜びとする
自他感動の境地が一番尊い最上級の欲。
本心良心は真善美の真（誠）にあたるが、
本心良心を発動して生み出した自他感動は、
「善（愛情）」であり「美（調和）」でもある。
本心良心は、真心とも言われる。

自他感動の境地は、東洋哲学では「大欲」と呼ばれる。
人の喜びをわが喜びとする「大欲」に対し、
自分さえ楽しければ、あるいは、自分なんてどうでもいいという態度は「小欲」と呼ばれる。
大欲に生きる人は、成功する確率が圧倒的に高まる。
天風哲学が世に出るきっかけとなったのは、
奥様の頼みで従兄弟たちに体験談を話したときに、
皆が喜んでいる姿を見て深い感動を感じた天風師が、
一切の社会的地位を放棄し、辻説法を始めたことだった。

「人の喜びをわが喜びとするという大欲」が、
天風哲人というヒーローを生み、
壮大なドラマのスタートとなった。
天風師はその人生舞台で、
一貫して真善美の理想を心に燃やしながら、
大岩の上に屹然《きつぜん》と立つ灯台として、大勢の人生と魂を救った。
そして、誰もが自分のように、
世を照らす灯台になれるのだと伝え続けた。

ある弟子が天風師に聞いた。
「先生、何かお好きなものはありませんか」
天風師は答えた。

私が欲しいのは、私と同様に、
お前が、健康も、運命も、
本当にどんな場合があっても、
楽しんで生きられるような人間になること。
それが望ましい。ただそれだけだよ……。

――『運命を拓く』

Keyword

理想と想像

最高の人生シナリオの描き方

文学の巨人・ゲーテは言った。

想像の分量が豊富なときに書いたものは、
期せずして、人の心を動かす力がある。
そういうものを、世間の人は、名著とか傑作とかいう。
だから文豪とは、想像力を他の人より豊富に持つ人のことである。

目に触れるすべてのものは、
星や草木や海山などの自然創造物以外、
すべて人間の心の中の思考（想像力）から生み出された。
健康も運も境遇も、
心の中の考え方や思い方が、現在の状態にしている。
心に絶え間なく描く映像が、
汚ければ汚いほど人生は汚くなり、
気高ければ気高いほど人生は価値高くなる。

理想は想像力からつくられている。
心にほどこす技術である「想像力」を十分に使い、
理想を具体的な映像として心に描くと、
実在意識と潜在意識が調和して協力し始める。
想像の作用は、理想をつくる下書きと同じ。
わかっていても積極的になかなかなれないのは、
理想というものが心にないため。

理想には二つの作用がある。
人生を建設して幸福にする作用と、
人生を破壊して不幸福にしてしまう作用。
理想を幸福へのよき案内人とするには、
人類の進化向上に寄与できるような理想を心に抱くこと。
それは高尚な難しいもののように感じるかもしれないが、
「お金持ちになりたい」「成功したい」などの
一見自分勝手な欲望のように見える理想でも可能。

個人的に思える理想を追求することでも、
結果として、人を幸せにしたり感動させているのであれば、
それは人の役に立つことになる。
心に燃やすべき「楽しい欲」であり、「大欲」となる。
人の喜びをわが喜びとする自他感動の理想を描けば、
その理想を鋳型として、実現のエネルギーが注ぎ込まれる。
理想は、言葉より具体的な映像として描ければ実現しやすい
と天風哲学では伝えられている。

理想の具体的な映像を描くことを、「ドラマ思考」的に表現すれば、共演者と生み出す「ハッピーエンドシーン」となる。

人生という舞台で起こる出来事は、一見バラバラに見えても、すべてつながっている「一筆書きのドラマ」だ。

「人生はハッピーエンドの短編小説の繰り返しである」という積極的信念を持てば、ピンチもチャンスもすべて、人生舞台の重要な構成要素となる。

人生で起こることは、一つひとつが独立した出来事ではなく、ずっと続いている流れというのが人生の消息だと天風師も言っている。

Keyword

暗かったら窓を開けろ

日常に生きるヒーローになれ

暗かったら窓を開けろ。
光がさしてくる。

――『盛大な人生』

天風哲学の要諦である積極思考という心のシステムは、
映画やドラマで感動を生み出すメカニズムと似ている。
ドラマの重要な要素は、「振り幅」または「ギャップ」。
ドラマとは変化の芸術。振り幅が大きいほど感動も大きくなる。

「あの失敗はこのためにあったのか」
「あの辛い時期があって今の幸せがある」
「あのときの病気があって今の健康がある」
「あのときの偶然に思えた出会いが今の自分を築いていた」
「あのとき夢中になっていたことが今の仕事に活かされていた」

自覚できている人もいない人も、
原因と結果、伏線と回収の一筆書きの物語を、
誰もが例外なく見事に体現している。
映画のヒーローたちは、
プラスとマイナスの出来事を見事につなげて、
人の心を動かし、共感と感動のドラマを生み出していく。
一つのステージが終わると、さらなる試練が待っているが、
ヒーローはくじけず、弱音を吐かず、次のハッピーエンドへ突き進む。
その姿と行動が、共感と感動を生み、誰かの勇気や希望となる。

人は誰もが、日常に生きるヒーローだ。
その本分を思い出し腑に落とすことができると、
人生という舞台の彩りが、幸せ方向に変わる。

苦しみが多い、悩みの多いなかに生きて、
心がそれに少しも引きずられないで生きてるときに、
人間の生命の本当の光明というものがある。

――『盛大な人生』

Keyword

天命と宿命

悲しんでいるとき気持ちいいですか？

ヒーローは、運命をどうしても逃れられないものと諦めず、自ら運命を拓く思考と行動を実践する。

それができるのは、運命には二種類あることを知っているからだ。

運命には、自分の力ではどうにも仕様がない天命と、自ら打ち拓くことのできる宿命があると天風師は教えてくれた。

変えることのできない「天命」は、
今の時代に生まれたことや、生まれた国などの絶対的なもの。
「宿命」は、それ以外の自分の力で打ち拓いていけるもの。
それを知らない人は、
予期せぬことや思い通りでないことが人生に起きると、
ある程度までは逃れようと頑張るが、
もう駄目だと思うと、「これが運命だ」などと諦めてしまう。
人間は諦めると、ただ偶然ということのみを頼りに、
心が迷信的になり、占いや宗教に走る。

打ち拓くことができる「宿命」に出会ったときでも、
それを変えられない「天命」と思い込み、仕方がないと諦めてしまう。
人間は本来、万物の霊長（＝ヒーロー）として
生まれついていることを思い出し、宿命を統制しよう。
ヒーローは、宿命を統制し、天命に安住する。
心を積極的にして生きると、天命は極めてわずかしかないことを知る。
ヒーローは、宿命を統制するために、
「怒らず、恐れず、悲しまず」をモットーとして活動する。

苦労したり、悩んだり、人を憎《にく》んだり、怖《おそ》れたり、
悲しんでるとき、気持ちいいですか。
あんな嫌《いや》な気持ちなかろう。
その嫌な気持ちをなぜ心にさせるんだ。
喜ばせてやれ。しじゅう楽しく考えさせてやれ。
それが心に対するあなた方の義務だぜ。
暗かったら窓を開けろ。光がさしてくる。

――『盛大な人生』

Keyword

実在意識と潜在意識

自分を牛耳る黒幕

意識される心の領域を、天風師は実在意識と呼んだ。
観念は実在意識の領域。
私たちは毎日、観念を使って通勤をし、仕事をし、
勉強をし、家庭生活をしている。
時々の観念は、消え去るのではなく、
一つの体験として心の領域に記憶される。

日々の観念が記憶される心の領域は、潜在意識と呼ばれる。
潜在意識の中には、生まれてから現在までの体験の記憶が蓄積されている。
実在意識と潜在意識の関係は、よく氷山に例えられる。
海面に見える一部分が実在意識、海面下で見えない大部分が潜在意識。
心の働きは、この二つの意識が協力し合って営まれている。
潜在意識へ多く記憶されるものには、一定の条件がある。
それは、「強度と頻度」。
したがって、感動を伴って体験したこと、頻度多く体験したことは、
潜在意識の中で観念要素となる。

潜在意識は、私たちの言動に大きな影響力を持つ。
実在意識で「よし！　やろう」と決意しても、
「とはいうものの……できるわけないよ」と反対するのは潜在意識。
潜在意識は、自分を牛耳る黒幕のようなものだ。
これまで生きてきた中で、知らないうちに、強度と頻度で、
消極的観念を多く取り入れてきてしまった人は、
潜在意識の中に、消極観念が目いっぱい詰め込まれている。
では、どうすればいいのだろうか？

天風師は明快に言った。

「消極的な観念要素の代わりに、積極的観念要素を入れ替えることである」

積極的な素材を、潜在意識へ効果的に投入する方法を天風師は創見した。

その方法は、「観念要素の更改」と呼ばれる。

「観念要素の更改」は、天風哲学を実践する上で、大変重要なポイントとなっている。

Keyword

観念要素の更改

ヒーローは夜つくられる

人間の心に強い印象を与えて、
欲求や思考や言葉や行動を左右する、
強力な力を誰もが内在させている。
それは、暗示と呼ばれる人間が持つ標準装備。
その力をプラスに使えれば、これほど頼れる味方はない。
暗示には、消極的暗示と積極的暗示がある。

積極的暗示とは、進化と向上という使命を実現させるための
パワーの源である潜在意識を整理整頓する具体的な方法。
現代のような情報過剰時代に何もしないと、
潜在意識という心の倉庫の中が、ガラクタだらけになってしまう。
潜在意識に蓄積されている材料を天風師は、「観念要素」と呼んだ。
心の倉庫に消極的観念要素が多ければ、
強い建物をイメージしようとしても、
材料不足でわらの小屋くらいしかイメージできない。
人生も同様で、成功に必要な積極的観念要素が不足していれば
成功や感動の実現には程遠い状態になる。

暗示のマイナスの影響を受けずに、
プラスに転化する方法を天風師は、
「観念要素の更改」として具体的に教えた。
それは、お風呂に入り汚れや垢を取るように、
夜の寝際に心の汚れや垢を取る「連想暗示法」と「命令暗示法」。
実在意識は起きている間だけ稼働するけれど、
潜在意識は24時間勤務。
観念要素の更改を毎日続けることで、
心がクリーニングされ、かつ整理整頓されていく。

「連想暗示法」のやり方は簡単でシンプル。

昼間に起こった悲しいこと、腹の立ったことなど消極的なことを、寝床の中に一切持ち込まないようにするだけ。

その代わりに、明るく、朗らかに、生き生きとした、積極的なことだけを連想しながら眠りにつく。

「命令暗示法」は、寝る前に自分の顔を鏡に映し、眉間を見て、「あなたは」「お前は」「君は」と二人称で呼びかける。

呼びかける言葉は、こうありたいという希望や願望を一つ選び、声に出して、情熱を込め、集中して、ただ一度、命令する。

それを毎晩繰り返し、潜在意識に定着させる。
訓練すると、数回の暗示で、
効果を上げることができるようになる。
天風師は生涯一貫し、自分に対して、
「お前は信念が強くなる」
と命令暗示を続けたと言われる。

ヒーローは、夜つくられる。

朝の目覚め直後には、前夜命令暗示したことを、
すでに具現化された状況で断定した言葉で表現する。
前夜「お前は信念が強くなる」と暗示していたら、
「私は信念が強くなった」と言葉に出して言う。
鏡を使っても使わなくてもどちらでも良い。
これは、「断定暗示法」と呼ばれ、
「連想暗示」と「命令暗示」とセットで使うことで、
観念要素がどんどん積極化され、
歓喜と感謝という感動を味わえる機会が増えていく。

Keyword

美とは調和

反面教師が教えてくれるもの

美しさとは、真善美の「美」のことであり、「調和」のことだと天風師は教えてくれた。

美しさというものに、人は憧れ、感動し、称賛する。

しかし「綺麗事」という言葉があるように、現実ではない体裁だけを整えたものには、私たちは拒否反応も示す。

現実は美しいことは少なく、嫌なことやイラつくこと、嫌悪するもののほうが多いと人は言う。

でもこの世界は、片側だけでは存在しない。
表には裏が、プラスにはマイナスが、必ずセットで存在している。
いい人だけが出てくるドラマは、誰も観ない。
いいことだけが起こる人生は、あり得ない。
悪いことだけが起こる人生も、存在しない。
嫌なものを見たら、その裏側にある美しさを観よう。
それを（その人を）反面教師として、自分はどう振る舞うか？
どう表現するか？　どう美しく生きるか？
それを明確にできる願ってもないチャンスなのだから。

「エレガンス」という言葉がある。
その本来の意味は、外も内も美しいこと。
そこには、両面が調和した感動が待っている。
感動する美しさとは、外側だけではなく内側も美しく整えること。
その「調和」した姿にこそ人は心が動かされる。
内と外、冷静と情熱、プラスとマイナス、
両極を調和させ感動を生み出すチャンスは、
日常の舞台にこそ存在している。
勇気と熱量を持ってチャンスを活かす人を見るとき、
共鳴作用で私たちは感動する。

真の平和とは、お互いに克己し、お互いに自制し、
お互いに相譲り、相敬い、相愛し、相楽しみ、
相導き、相助け合う、という
完全調和の美しい気持ちが総合的な活力となり、
関係者や家族のそれぞれにまで反映されることをいう。

――『中村天風と「六然訓」』

Keyword

善とは愛情

ビジネスを成功させる哲学的極意

進化向上を実現する人間の最上級の欲「自他感動」は、ビジネスにおいても重要なキーワードになる。

ポイントは、お客様を感動させるだけでなく、提供側も感動すること。それを理解していないと、顧客感動を標榜する企業の社員が、「感情疲労」で疲れ果てるという深刻な悲劇を引き起こす。

情報の双方向性だけでなく、感動の双方向性こそが、
信頼という愛情の絆（エンゲージメント）を生み出す。
感動体験には大きく分けて、興奮型感動と共感型感動がある。
興奮型感動は、「ワオ！」というようなエキサイティングな感動。
共感型感動は、「ジ～ン」や「ウルウル」などの静かで深い感動。
共感型感動は、余韻が長く続き、記憶に残る。
すごいことは、非日常体験として起こることが多いが、
共感されることは、日常体験として起こりやすい。

共感型感動は、すごいことをやらなくても（できなくても）、
自分の中にある真善美の「善（愛情）」という潜勢力を使うことで、
誰もが生み出すことができる。
それには、「共感力」という能力のブラッシュアップが必要。
共感力は双方向に働く力。
共感する力が増すと、共感される力も増す。
まずはシャドーボクシングのように、
共感する練習をすることで、共感されるコツがわかってくる。

共感力を高めるには、
自分の周りで「ああ、いいなあ」と共感できる人や価値観を探す。
繰り返すことで、自分の価値観や世界観が見えてきたら、
それを外に向かって表現すると、共感してくれる人が現れる。
「優しさ」「思いやり」「善意」「つながり」などの、
人への愛情が基になった行為が共感型感動の要素になる。
日常にある「真善美」にアンテナを立てると、
目に見える世界は変わる。
文字通り「劇的」に。

Keyword

進化向上

人は成長するものに感動する

人間は、進化成長するものに感動する。
子供の成長に感動し、企業の成長を称賛する。
成長を続ける大人の見事な振る舞いに感動し、
正直、親切、愉快に生きる人に惹きつけられる。
自然や命の創造エネルギーが持つ方向性との親和性を思う。

ビジネスにおいても、
進化向上の流れと業績の向上とは強い相関関係を持つ。
企業や個人が継続していい仕事をするということは、
お客様の期待値を上げていくということ。
そして、上げた期待値を自らの成長でさらに超えていく。
一流と言われる人や企業は必ず何度も通る道であり、
先輩から後輩へとつなぐ駅伝のタスキのようなものだった。
そこに、社会の繁栄があり、人の喜びと成長があり、感動があった。

役者が目の肥えた観客に育てられるように、
お客様との関係性の中で、企業も育てられる。
満足を目標にしていると、期待値は現状維持のままになり、
同じことを繰り返し、やがて劣化していく。
一流とは、エクセレンスの永遠なる追求。
期待通りの実感を提供する仕事は一見良さそうに見えるが、
持続性から見ると、進化と向上にはつながらない。
期待値を常に超えていくところにこそ成長の道がある。

期待値は、一度に大きく超えるよりも、
継続できる範囲で1%程度超えていくことで、
「日々更新」という進化向上の流れができる。
宇宙は、ビッグバンから始まり常に拡大成長を続けている。
その宇宙の法則に順応するものに人は惹きつけられ感動する。
小さな親切の継続。ほんの少しの心配りを続ける。
ひと味違う提案。一枚上手のパフォーマンス。
一流が実践する101%のドラマの創造。

イノベーションには、
大きな物語と小さなステップの二つがセットで必要。
小さなステップだけでは、小さな改善に終わる。
職人の世界に「クラフトマンシップ」という道がある。
偉大な理想を目指して常に自分を磨き上げていく生き方。
理想の灯を掲げ、真心を込めた小さな実践を継続することが
想像を超える偉大な変化をもたらす。
本領発揮の旅は、川の流れのように、
遠くから見れば変わらない景色に見えても
近くで見ると静かに力強く流れている。

人間は進化と向上という
偉大な尊厳な宇宙法則を現実化するために、
この世に生まれてきたのである。

——『運命を拓く』

第2章

絶対積極（セルフプロデュース）

晴れてよし、
曇りてもよし、
富士の山。

――『運命を拓く』

Keyword

何かあるのが人生

人生ドラマの楽しみ方

健康で仕事も順調なとき、人は明朗で快活になる。
病気や不運なとき、人は失望し落胆する。
それが普通だと、みんなそうだと、人は思っている。
しかし、人生は多数決ではない。
間違った観念が多数を占めるときもある。

人生がドラマだとしたら、良いシーンも悪いシーンも、
ピンチもチャンスも、幸運なときも不運なときも
しっかりと描かれていないと、退屈で無感動な作品になってしまう。
良いときだけが続く人生というのがあれば人は憧れるけれど、
そんなドラマはこの世に存在しない。
成功ばかりしていたら、きっと奥行のない人間になる。
失敗を知らないと、きっと傲慢な人間になる。
悔し涙を知らないと、きっと思いやりのない人間になる。

「何かあるのが人生だ」と天風師は言った。
良いときだけ積極的で、悪いときに消極的になることを、
「相対積極」と呼んだ。
悪いときに心を消極的にすれば、ますます活力は落ちて、
さらに事態は悪くなる。
悪いときこそ心を積極的に使い、
明るく、朗らかに、生き生きと、勇ましくある人生態度を、
「絶対積極」と呼んだ。

天風師が説く積極とは、「がむしゃらに頑張る」
という態度のことではない。
「前向きに生きる」という意味は含まれているが、
「頑張る」というよりは、心にわだかまりをなくし、
何ものにも執着しない「虚心平気」の気持ちのことだ。
たとえば、誰かに怒りの気持ちを感じたとき、
その気持ちにいつまでも振り回されないで切り替える。

失敗してしまったとき、
いつまでも落ち込んでいるのではなく、
次に自分ができることを考えて前に進む。
生きている限り、恐れ、怒り、悲しみなどの
消極的な感情を感じなくなることはできない。
しかし、それにいつまでも執着しないで、
消極的な気持ちを感じたら切り替える習慣を持つ。
それが積極的な心を持つということだ。

人生ドラマを最大限楽しもうと思ったら、
心の切り替えの達人を目指そう。

Keyword

積極思考

プラスもマイナスも抱きしめて

この世の中は、
苦しいものでも悩ましいものでもない。
この世は、本質的に楽しい、嬉しい、
そして調和した美しい世界なのである。

――『運命を拓く』

人生をドラマ思考で表現すると、
人の一生は一つの壮大な舞台で、
誰もが主人公というキャスティングを演じながら
かけがえのないドラマを生きている。
人生が舞台であるならば、出会いに偶然はなく、
登場人物は全員が何らかの意味がある共演者になる。
世界76億の人間が生きる世界で出会う確率を考えれば、
共にドラマを創る奇跡の共演者であることが腑に落ちる。

良い人、悪い人、親切な人、意地悪な人、
それぞれのシーンによって必要なキャスティングが違う。
人生舞台の途上で出会う「苦手な人、嫌な人」を、
無理やりプラスに捉えるのではなく、
「ドラマを盛り上げる悪役を担ってくれている人」
と思えば、相手を変えようとする必要はなく、
自分という役を演じ切ることに最善を尽くせるようになる。

このような思考法を持てると、人生への意味づけが変わる。
どんなに悪い状況でも自分のパフォーマンスを落とさず、
逆に不遇なときほど、情熱や活力を最大出力にして状況を好転させ、
ハッピーエンドにつながる機会を増やすことができるようになる。
どんな出来事も、ハッピーエンドへつながるプロセスなのだ。
天風哲学の積極思考と感動を生み出すドラマ思考は、
どちらも絶対積極の境地からのアプローチであり、
相対的なプラス思考や楽天主義とは本質的に違う方法論になる。

積極思考とは、
プラスな出来事もマイナスな出来事も
どちらも必然のドラマの要素として活用し、
日常というステージをプロデュース（演出）しながら、
最高の自分自身を演じ切っていくという、
絶対的なアプローチなのだ。

人は皆、人生という舞台の主人公として
プラスもマイナスも、ピンチもチャンスもすべて
ドラマの要素として活用し、
進化と向上のリアルドラマを生きている。

Keyword

本来の面目

余分を削ると本来の自分が現れる

軽さと重さ、上と下、前と後という
相対的な二項対立ではなく、
外したり捨てたり削ったりすることで
本来の絶対的な姿が現れるという関係性がある。
Aという存在があって、それを阻害するとBになってしまう、
あるいは余分なものを外すとAが現れるというような。

天風哲学の積極と消極は、
相対的なプラスとマイナスではなく、
絶対的積極と阻害する消極という関係性になる。
相対を超えた絶対なものとは、
「真理」とか「法則」とか「本質」とか
「本来」とか「本然」とか「本領」というもの。
ダイエットで言えば、太っている自分と痩せている自分との
二項対立ではなく、余分な脂肪や水分を取り除くことで
本来の自分の体形に戻れるという意味合いになる。

人間の生命の本来の面目（＝本当の目的）とは、
「創造の生活」であると天風師は教えてくれた。
それは、生まれたときから人間の生命に与えられた面目。
どんな人間でも、代償のない破壊や消滅は好まず、
成就や完成を好む、つまり完全を喜ぶという気持ちがある。
それが生命の中にある自然傾向なのだ。
だから常に価値高い目標を定め、
自分の創造意欲に情熱の炎を燃やさなければならないと。

自己向上こそが、人間にとって絶対的な価値高い目標となる。

しかもそれは絶対的な性質であるために、邪魔をしなければ、すくすくと成長するという自然傾向を持っている。

人間の生命とは、常に伸びよう伸びようとしている創造的なものだ。

だから、自己向上の意欲の薄くなった人は、老衰を早めると天風師は戒めた。

どんな時代が来ようと、どんなに齢をとろうと、私たちは進化向上の自然法則の中で生きている。

人間は、浮き沈み、波の高低のあるところに生きている。
晴天の日もあれば、雨の日もあれば、風の日もある。
そのたびに、自分の心を苦しめていたらどうなるだろうか。
病のときに、病にこだわれば、病に負けてしまう。
運命の良くないとき、運命にこだわれば、運命に負けてしまう。
病でも運命でも、消極的な気持ちにならないことだ。
「病は忘れることによって治る」と天風師は言った。

人間は、健康でも、運命でも、恵まれないときに、
心が、それを、断然乗り越えていくところに、生命の価値がある。
消極は、本然である積極の力を弱め、創造の炎を消す。
人間の本然の心（本心）は、清く、尊く、強く、正しい心。
その心を、天風哲学では積極心と言う。

Keyword

宇宙霊

前向きよりも上向き

大自然のエネルギーは、誰に言われることもなく、
森羅万象を進化向上させ続けている。
宇宙の星々がぶつからず、
公転しながら移動するエネルギーも、
地球が自転するエネルギーも、
誰かが科学的に生み出しているのではない。

人間も自然の一部だから、大自然のエネルギーとつながっている。
天風師は、そのつながりが心だと伝えた。
その結び目がほぐれてしまうと、健康も運命も健全ではいられなくなると。
天風哲学では、「真善美」は大自然のエネルギーの現れであり、
人間の心が、真善美と共鳴している限り、
無限とも思える力が命の中に流れ込んでくると教えている。
生命のエネルギーの本質的働きは、
生きて生きて、ひたむきに、生きて、生き抜くこと。
アメーバも、植物も、動物も、命あるものはすべて、
ひたむきに生きようとする積極的な存在だ。

人間は、寝ている間にも、肺は呼吸し、心臓は拍動し、
体は消化・吸収を行っている。
人間の体は、自律神経系が二十四時間三百六十五日、
積極的、調和的に関与し、反射の働きで体を防御し、
免疫系の働きで病原菌や毒素から身を守り、
恒常性維持機構が体温を維持し、血液の成分を調和させ、
自然治癒能力が、病的状態から健全な状態へと復元しようと働いている。
改めて、生命の本質的働き、生命の進化の歴史、
人間の命そのものの状態が、調和的、積極的なものであることがわかる。

積極性とは、消極に相対した二元的なものではなく、
人間（自然）本来の状態のことを言う。
消極的思考になると、その働きを阻害してしまう。
大自然の創造の働きで創られた命自体が、
調和的、積極的なものであることから、
人間の営みも、調和的、積極的なとき、
健康と繁栄と幸福が実現する。

慈悲は強いられるべきものではない。
恵みの雨のごとく、
天よりこの下界に降りそそぐもの。
——ウイリアム・シェイクスピア

人は、積極的に活きると、
天より降りそそぐ無限のエネルギーと
つながることができる。
そして自然や他者との一体感を感じたとき、
心が震え、感動する。

大自然のエネルギーとは、
東洋では「気」、量子力学では「波動」、
物理化学では「振動数」、哲学では「先天の一気」、
映画『スター・ウォーズ』では「フォース」、
天風哲学では、「宇宙霊」と呼ばれている。

積極的に生きることそれ自体が、
闇を照らす松明《たいまつ》のように、
感動の人生を実現していくことになる。

プラス思考が、「前向き」な心の使い方を表し、
マイナス思考が、「後ろ向き」な心の使い方を示すならば、
積極思考とは、「上向き」な方向性を持つ思考法だ。
前ばかり向きすぎて、過去を振り返ることもなく
周りが見えなくなってしまう人が時々いる。
感動の人生を生きる人は、颯爽と上を向いて歩き、
天空から自分を客観視しながら人生という旅を続ける。

勝海舟や安岡正篤らも学んだと言われ、
天風師も愛誦し揮毫《きごう》していたという、
中国の明の時代の古典、
「六然訓」にも上向きを示す詩句がある。

超然任天《ちょうぜんにんてん》
悠然楽道《ゆうぜんらくどう》

超然として天に任せ、悠然として道を楽しむ。

Keyword

感応性能

人生の成功は掛け算で決まる

天風師は、思考を積極的に使う手がかりとして、感応性能という概念を考え出した。

感応性能とは、外部からの刺激に対して、感じ、応じる心の働き。

この心の働きが、習慣となって人々の心の軸の傾向を決定する。

感応性能が強くて積極的な人は、いつも泰然自若、明朗で楽観的な人。

感応性能が弱くて消極的な人は、悲観的で、臆病で神経過敏、気が小さく怒りっぽい人になる。

京セラを創業し、日本航空を再建した稲盛和夫氏は、有名な天風哲学の実践者。
稲盛氏は、「人生の方程式」という考え方を提唱し、思考の重要性をわかりやすく表現した。

人生・仕事の結果＝考え方×熱意×能力

「能力」と「熱意」には、ゼロからプラス百点まであり、磨くことでどんどん高みへ向上していく。

しかし「考え方」にはネガティブな考え方もあるため、
マイナス百点からプラス百点までの範囲がある。
掛け算であるために、考え方がマイナスであれば、
たとえそれが些細なマイナスであっても、
人生の結果は全部マイナスになってしまう。
能力も人並み以上、努力も人並み以上でも、
消極的思考で生きれば、人生はすべてマイナスになる。
心が強いか弱いかは、感応性能が積極か消極かに比例する。

天風メソッドでは、

「観念要素の更改法」

「積極精神の養成法」

「神経反射の調節法」

の三つで感応性応を積極化していく。

Keyword

積極観念の養成

思考をプロデュースする方法

心と体が運命を拓く素晴らしい道具だとしたら、
大切にし、磨かなければ、性能は落ちていく。
また、使い方のコツを知らないと、
結果に大きな差が出てしまう。
天風哲学の要である積極思考とは、
自己の心と体を最高の状態にする方法論のことだ。
そうとらえると、積極思考とは、
演劇や映画の「演出」に似ている。

名演出家の仕事のゴールは単純明快、
作品と役者の持つ魅力を最大化すること。
演出家は広い意味で、「プロデューサー」と呼ばれる。
名演出家の手にかかると、
人やシーンが見違えるように魅力的になる。
全体を客観視しながら、
場と人の編集を即座に実行するのが演出の仕事。
積極思考とは、自分を客観視する能力を向上させながら、
心にほどこす演出アプローチという見方もできる。

天風哲学では、積極思考を実現する六つの実践方法を伝えている。
一番目は、「内省検討」。
自分の心の中を演出家の視点でチェックする。
演出のチェックポイントは、「尊く、強く、清く、正しく」。
二番目は、「暗示の分析」。
他人や環境からの暗示事項を常に分析し、
消極的なものを拒否し積極的なものを取り入れる。
三番目は、「対人態度」。
他の人の消極的な言葉や行動に自分の心を同化させず、
明るく朗らかに、生き生きと、勇ましい積極的態度で何人《なんぴと》にも接する。

四番目は、「苦労厳禁」。

過ぎ去った過去の苦労やまだ来ない未来を心配し、心のエネルギーを消耗させる無益な心の使い方を止める。

五番目は、「正義の実行」。

嘘とか言い訳とかの本心や良心に悖《もと》ることをしないで、自分の真心のままに正しい行動をする。

六番目は、「三勿三行《さんこつさんぎょう》」。

不平不満を言わず、「正直・親切・愉快」を生活のモットーとする。

そして、「今日一日、怒らず、恐れず、悲しまず」を実行する。

自分の心の演出家となり、客観視する力を鍛えれば、
心と体の表現力は高まり、最高の自分への道が拓いていく。
世阿弥の『花鏡』には、
客観視（演出）の要諦が書かれている。
舞台から客席を観る視点「我見《がけん》」。
舞台で踊る自分を客の目線で見る「離見《りけん》」。
舞台の自分と客の自分を完全客観視する「離見《りけん》の見《けん》」。
世阿弥は、舞台で踊る自分を「離見の見」で、
リアルタイムで客観視できていたと言われる。

人生舞台において、消極的な観念が心に浮かんだときには、すぐに演出家の立ち位置（離見の見）でダメ出しをすれば、消極は消え、最高のパフォーマンスを生み出すことができる。

人生舞台において、自分は役者だという自覚だけだと、誰か他の人の意図や脚本や演出で動かされてしまう。

人間は、役者であるだけでなく、脚本家でもあり、演出家でもあるという本然の自覚ができると、人生が自分の手の中に戻ってくる。

それは「本当の自分」という立ち位置でもある。

Keyword

苦を楽しむ

口紅を希望に変える魔法

自然界にも大宇宙にも私たちが暮らす日常にも、
正確に刻まれている厳正なリズムがある。
音楽もダンスも演劇も芸術も、
人間の生き方にも、リズムがある。
何の変化もない日常は、
安全で安心かもしれないけれど、
なぜか人間、その日常に飽きてくる。

日常に小さな変化を起こせたら、
宇宙の進化向上と創造のリズムに参加できたということ。
バネは縮んだ後にジャンプする。
そのエネルギーは、縮むほど大きくなる。
このリズムは、自然の摂理。
拡散と収束の繰り返しで進化向上するのが自然のリズム。
良いときも悪いときも、まるごと自分を抱きしめると、
このリズムは自分の味方になってくれる。

ある化粧品会社の創業者が語った言葉。

工場を出たとき、口紅だった。
カウンターを超えたとき、
それは「希望」だった。

工場でつくられた工業製品が、
希望という作品に変わる魔法は、
希望の価値をわかる人が使える技。

希望の価値がわかる人は、一度は希望を失った人。
希望の価値がわかる人は、かつて希望の力で救われた人。
希望は、消極からは絶対に生まれない。
毅然と上を向いて積極の気を受け入れたとき、
人間は自然のリズムと一体化する。
そしてそのリズムは、
感動という積極思考の結晶を創造する。

どんな場合にも、
たとえば身に病があろうが、なかろうが、
運命が良かろうが、悪かろうが、
その他の人生事情のいかんにかかわらず、
いつも一切に対して、その心の力で、
苦を楽しむの境涯に活きる活き方をすることにある。
これが第一義的の活き方なのである。

——『運命を拓く』

人生はオセロゲーム。
どんなに辛く悲しい出来事に出合ったとしても、
目の前の光を見失ったように見えても、
人間が持つ石の色は「白」。
この世に生まれたとき、人は皆「白」だった。
だから、間にどんなに「黒」があろうとも、
「白」を置いた瞬間にすべては「白」に変わっていく。

Keyword

心と体は命を使う道具

心が上流、運命が下流

命を使うと書いて「使命」。
心も体も使命をまっとうするための大切な道具。
人はときに、その道具を雑に扱ってしまうことがある。
他人の言動に影響されて心がマイナスに傾いたとき、
気分が悪いのは、その原因をつくった他人のせいだと思う。

他人に体を勝手に動かされると人は怒るが、
他人に心を動かされることには寛容な人が多いと、
心を外から動かされることの無自覚を天風師は戒めた。
心がマイナスに傾けば、健康にも悪い影響が出ることは、
ストレスで胃に穴が開くという現象からも誰もが知っている。
「健全な精神は健全な身体に宿る」という言葉がある。
しかし、健全な身体でなければ健全な精神が宿らないのであれば、
体の弱い人は皆、心が弱いことになる。

健全な身体は、健全な精神によってつくられるのであって、
健全な身体によって精神がつくられるのではない。
病や運命の悪くなったときにこそ、
それに負けない、打ち負かされない、しいたげられない、
強さと尊さを持った心が必要なのだ。
文明社会の一切合財、天地自然のもの以外はすべて、
人間の思考（＝心）によって生み出されたものだ。
心が上流で、運命が下流。
心が動き、体が動き、運命が動く。

たとえ身に病があっても、
心まで病ますまい。
たとえ運命に非なるものがあっても、
心まで悩ますまい

——『運命を拓く』

Keyword

第一義的人生

プラス思考を超えて

積極という事は
余程注意を慎重にしないと
得てして制約のない楽天主義になる。

――『叡智のひびき』

天風師は、積極的精神を誤って解釈することのないよう、次のように戒めた。

人生を輝かしいものに変える積極的精神は、意味の取り方を軽率にすると、その解釈を誤り、第二義に陥る怖れがある。

第二義に陥ると、心の法則を無視して制約を失い、我儘なやりたい放題の享楽本位で楽天的なものになってしまう。

『大辞林』によれば、第二義とは、
根本的でないこと。さして重要でないこと。

第一義とは、最も根本となる、いちばん大切なこと。

——とある。

積極的精神の第一義的解釈は、
事あるときも事ないときも、
常にその心が泰然不動の状態であることをいう。
たとえ病難に遭おうと、運命難に陥ろうと、
心がこれを相手とせず、勝とうともせず、
また負けようとも思わず、平然と安らかに
落ち着いていられる状態が、絶対的な積極心である。

これは決して人生に生じる事柄すべてに
超然とすることではなく、
消極的な出来事に対してのみ
超然とすることと天風師は戒めている。
心が快適を感じないことには関わらず、
自分の気分に合うものだけを相手にするというのは、
制約のない楽天主義であり、
根本的でない第二義に陥ってしまうと。

Keyword

相対積極と絶対積極

競争から共奏へ

世の中を見渡すと世界は今、
経済においても、政治においても、ビジネスにおいても、
勝ちと負け、善と悪、右と左、成功と失敗など、
相対的な価値観や現象で溢れている。
経営やマーケティング用語も、「戦略」「戦術」「営業マンの戦闘力」
などの戦争用語を駆使した相対的表現が堂々と使われている。
顧客と戦って、一体何を得ようとしているのだろうか。

相対的価値観を代表する戦争用語の代わりに、
絶対的価値観である物語用語を使うと何が起こるだろうか？

ドラマ思考では、次のように置き換えを行う。

「戦略」の代わりに「シナリオ（脚本）」。

「戦術」の代わりに「プロデュース（演出）」。

「戦闘力」の代わりに「パフォーマンス（表現力）」。

「ターゲット」の代わりに「共演者」。

「客を落とす」の代わりに、「ファンをつくる」。

20世紀後半に、競争関係にあっても
共に利益となるという意味の
「Win-Win」のアプローチが登場し、話題を呼んだ。
しかしこれも勝負を前提にした相対的価値観の範疇になる。
当事者以外の第三者が、「Lose（負け）」となることもある。
しかし今、一部ながら、
相対を超えた絶対の世界観が現れ始めている。
長く続いた「競争」で勝ち負けを決める相対の世界から、
コラボレーションすることで、より高い価値を生み出す
「共奏」という世界観だ。

勝ち負けを超えた絶対的価値を生み出すのは、
「Win-Lose」でも、「Win-Win」でもなく、
「Happy-Happy（共奏）」というアプローチ。
スポーツで共に勝利はあり得ないが、
勝ってHappy、負けてもHappyという試合はあり得る。
次につながる負けとか、成長できる敗戦などがそれにあたる。
ハッピーエンドの結末を迎えるストーリーが両者に生まれる。
ビジネスでこの関係性が生まれたとき、お客様は共演者となり、
相対的関係性から絶対的関係性へとシフトし、
世の中の進化と向上に貢献することになる。

Keyword

泰然不動

清濁併せ呑むと人は幸せになる

天風教義の積極心というのは
恒《つね》に心の平安を確保する事であるが
同時に如何《いか》なる場合にも
寛容である事を忘れてはならない。

――『叡智のひびき』

多くの人は、積極心というと、
何でもかんでも強気一点張りで応援することと思いがち。
消極という相対比較を考えるため、
知らず知らずの間に、対消極という対峙気分を、
積極心と考える傾向がある。
そうなると、目の前に現れる人や事象のマイナス要素と
常に張り合うことになる。
張り合うときの心は、もう積極ではなくなっている。

真の積極心というのは、事あるときも事なきときも、
常にその心が泰然不動であることをいう。
心が目の前に現れた事柄と相対峙して克ち得ている状態は、
相対的積極という。
自分自身の心が積極になり得たとしても、
他人に対しては、あくまで清濁併せ吞むという、
寛容さを失ってはならない。
清濁を併せ吞まない心で、この混沌たる人生に生きると
自分の生きる人生世界が極めて狭いものになる。

自分がこの世に生存している年限というものも、
久遠永劫の宇宙の生命に比較すれば、夢一瞬の短さ。
遅かれ早かれ、自分も知り合う相手も、
必ずこの世を去ることになる。
因縁という不可思議な作用によって結ばれて、
知り合う仲になった相手を、気に食わないとか、
こういう欠点があるとかの理由をつけて批判排斥して
せっかく結ばれた因縁を無にするのではなく、
清濁併せ呑むという真の積極心で活きることを心しよう。

——『叡智のひびき』

第3章

本領発揮（最高の自分を創る）

朝旦偈辞《ちょうたんげじ》（甦《よみがえ》りの誦句《しょうく》）

我は今、力と勇気と信念とをもって甦り、
新しき元気をもって、正しい人間としての本領の発揮と、
その本分の実践に向わんとするのである。
我はまた、我が日々の仕事に、溢《あふ》るる熱誠をもって赴《おもむ》く。
我はまた、喜びと感謝に満たされて進み行かん。
一切の希望、一切の目的は、厳粛に正しいものをもって
標準として定めよう。
そして、恒《つね》に明るく朗らかに統一道を実践し、ひたむきに、
人の世のために役だつ自己を完成することに、努力しよう。

——『運命を拓く』

Keyword

本領発揮

さあ、最高の自分を演じよう

第1章で、真善美という最高の脚本の書き方を知り、
第2章で、絶対積極という心の演出アプローチを学んだら
次はいよいよ最終章、本領発揮しながら最高の自分を演じる段階。
輝くばかりの才能を与えられながら埋もれていた
表現力という「標準装備」の存在と使い方を知ろう。
もともと備わっている標準装備を天風師は「潜勢力」と呼んだ。

誰もが皆、子供の頃は表現力の達人だった。
大人になる過程で、私たちは少しずつ表現する力を封印し、
自分を守るための鎧のようなものを身につけていく。
処世術であったり、常識であったり、テクニックであったり。
まるで次々とソフトをインストールして、
容量が一杯になってしまったパソコンのように。
いったい何を守ろうとして、誰と戦っているのか？
戦いは、恐れの感情から生まれる。

本当に恐れることは、
自分がなれたかもしれない人になれないことだけだ。
他人を演じることはプロの俳優に任せて、
私たちは、自分自身を演じ切ろう。
どうせ演じるなら、最高の自分を。
最高の自分とは、本領発揮した自分。
人の喜びをわが喜びとする大欲を炎と燃やしながら、
自分をアップデートすることで、
進化と向上という人類の使命を果たせるようになる。

本領発揮するためには、
想像力を使いながら理想とする自分のモデルを探す。
まるで役者が役作りするプロセスのように。
最高の自分という役作りは、
どんな姿で、
どんな表現をし、
どんな感動を味わいたいのか、
日々理想の自分像を固めていく作業だ。
その確かなヒントは、日々の感動体験にある。

新しい経験に触れたとき、大切なものに触れたとき、
琴線に触れた知らせとして、人は感動する。
感動体験は、大切なものを大切にするためのセンサーだ。
そのセンサーは、心の感度が鈍っていると反応しない。
琴線に触れるとは、心の音叉が振動すること。
音叉は握りしめていると、絶対に振動しない。
忙しい日常の中で私たちは気づかずに、
心の音叉を握りしめてしまっている。
握りしめた手を少しゆるめるだけで、本来の音色が戻り始める。

素敵な言葉に出会ったとき、素敵な人に出会ったとき、
美しいものに触れたとき、最善を尽くす人を見たとき、
本物と触れ合ったとき、
握りしめていた手が、自然にゆるんでいることを感じよう。
握りしめた手をゆるめる習慣ができると、
今まで以上に本物や美しいものに出会うようになる。

Keyword

潜勢力

ないものねだりよりあるもの磨き

人の生命の内奥深くに、
潜勢力という微妙にして優秀な特殊な力が
何人にも実在している。

――『真人生の探究』

情報過剰時代に生きていると、
意識のアンテナが外側へ外側へと向きやすくなる。
その結果、必要以上の情報に頭が埋もれてしまい、
自分の心や感性がスカスカになってしまうリスクにさらされる。
価値ある情報を収集することは大切なことだけれど、
もっと大切なことは、情報の活かし方と
活かす主体としての自分のあり方になる。

ないものねだりよりも、あるもの磨き。
世の中、ないものを身につけさせるアプローチは数あれど、
あるものを磨くという切り口はとても少ない。
あるものに気づかず、ないものを身につけすぎて、
それが鎧のように重くなり動きが鈍くなり、
あるものを弱らせている人は少なくない。
植物の種の中には、美しい花、緑の葉、
逞しい幹を生み出す生命力が内在している。
それが「あるもの」。

万物の霊長である人間には、
最高最大最強な「あるもの」が内在している。
それは、三十五億年の生命の進化の最先端にある、
人間の命に宿る「潜勢力」という力。
人間が、潜勢力を発揮するならば、誰でも健康に生き、
仕事を成功させ、幸福になれると天風師は力強く断言した。
天風哲学では、潜勢力を発揮するために必要な命の力は、
六つに分類されている。

充実した体力。ものに動じない胆力。
明快な判断力。颯爽とした断行力。
気力に溢れた精力。磨かれた能力。
体力も胆力も判断力も断行力も精力も能力も、
日常というステージで意識的に磨くことで
命の力を高めることができるようになる。

体力と胆力は鍛え、判断力と断行力はセットで使い、
精力と能力は点検を繰り返し、
維持向上させることで磨いていく。

命を輝かせる共演者

天風哲学では、心と体は、
運命を拓く素晴らしい道具でもあるとしている。
しかも、道具自体がお互いに協力して、
生命活動を営み、生存を確保している。
心は心らしく、体は体らしく、神経系統は神経系統らしく。
その特徴を発揮するとき、命の力は最高に輝く。

ドラマ思考的に言えば、
心と体は、相互に関わり合いながら、
人生という舞台を創る共演者である。
体が不調になると心が不快になる。
心の不快や心配は体に悪い影響を及ぼす。
心が体に、体は心に、良い影響を与え合うことができて、
初めて素晴らしい舞台が創れる。
そのキャスティングの妙は、
各々がしっかりと役を演じたときに最高に発揮される。

心が体に及ぼす影響は絶対的で、
百のものが百として伝えられる。
体が心に及ぼす影響は相対的で、
百のものが五十程度しか伝えられないこともある。

人間の命は、一筋の川の流れに例えられる。
心が川上で、運命が川下。

心が主演として最高に輝き、
体が名脇役として最高の演技ができたとき、
命という作品は本領を発揮し、
多くの感動を生み出す。

人生は心一つの置きどころ。

——『運命を拓く』

Keyword

言葉の積極化

人を幸せにする言葉の力

普段それほど大きな注意を払わないけれど、心の態度や健康や運命に大きな影響を与えるものがある。それは日常便利に使っている「言葉」。

日頃から積極的な言葉を使うようにすることは、人生を上向きに変える習慣の一つ。

積極言葉の最高峰は、「感謝」。

喜びを感じるから感謝するのではなく、まず感謝をすると同時に喜びが生まれると天風師は教えてくれた。

言葉は、強烈な暗示力を持ち、人生を左右する力がある。

「困った」「弱った」「情けない」「悲しい」「腹が立つ」などの消極的な言葉を使わない習慣をつくるだけで、元気という気が出てきて、起きる出来事が変わり始める。

しかし、頭が痛いときに、「痛くない」と言ったらそれは嘘になる。それは実際に感じた痛みなのだから、言葉に出すのは仕方がない。その後の言葉によって大きな違いが出る。

作家の村上春樹氏は、あるエッセイの中で、
マラソン・ランナーがレース中に、
頭の中で反芻《はんすう》している言葉を紹介している。

「痛みは避けがたいが、苦しみはオプショナル（こちら次第）」

「ああ、きつい、もう駄目だ」と思ったとき、
「きつい」は事実だとしても、「もう駄目だ」は、
本人の裁量にゆだねられていると村上氏は語っている。

人生が、進化と向上に貢献する感動の舞台ならば、
発する言葉はすべて、大切な「セリフ」となる。
役者が舞台に上がるときに、自分が発するセリフに、
どれだけの想いと情熱と魂を込めているか知っているだろうか？
人間は誰でも、かけがえのない人生舞台の主演俳優として
舞台に上がっていることさえ自覚していない人が多い。
ましてや、ハッピーエンドを描く舞台のはずなのに、
自分で勝手に脚本やセリフを変更してしまい、
悲劇や喜劇の舞台に変更してしまう人もいる。

自覚できていれば、もっと言葉を大切にするだろう。
言葉をもっと見事に言えるように、表現力を磨くだろう。
人生を輝かしく生き、自他感動のシーンを創造するために
舞台に立っていることを、一刻も早く思い出そう。
そして、言葉を磨くことを毎日の楽しみとしよう。
言葉によって人の幸福を促進できる感動を味わおう。
人が発する消極的言葉による暗示を受けず、
ヒーローというキャストの役目をまっとうしよう。

いやしくも人を傷つける言葉、勇気を挫《くじ》くような言葉、あるいは人を失望させるような言葉、憎しみ、悲しみ、嫉《ねた》みの言葉を遠慮なくいっている人間は、悪魔の加勢をしているようなものだ！

そういう人間は、哲学的にいえば、自他の運命を破壊していることを、平気でしゃべっている。

だから何遍もいうように、人々の心に勇気を与える言葉、喜びを与える言葉、何とも言えず、人生を朗らかに感じるような言葉を、お互に話し合うようにしよう。

——『運命を拓く』

Keyword

利己と利他

自分を活かし人を活かす

人は自己のために活きると同時に
また常に　人の世のために　活きることを
忘るべからず。

——『真理のひびき』

孤立と独立は違う。

人生というドラマは、人と人が共演者として関わり、価値高きものを創造するところに、その醍醐味がある。

自分だけが豊かになるという孤立の人生では、人間としての幸福を味わえない。

それに対して、独立した人生とは、正しい自覚を持つ人間として、誠意を持って、人の世のためを思い、実行することを心がける生き方。

万物の霊長である人間は誰もが、
ヒーローの素質を持って生まれてくる。
その素質を開花させ、
人の世の進化と向上に貢献することが、
自分を活かす道になる。
演劇でもスポーツでも、いい作品やゲームを創るには、
個の力が基礎にあってこそチームワークが活きる。
ヒーローの素質を開花させるにはまず、
自分を最大限に活かすことがスタートとなる。

禅には、修行の過程を示した「十牛図」という教えがある。天風師が、その絵を見た途端、「自分のたるみを感じた」と述懐するほどの真理が描かれている。

全部で十あるその図は、第八図までは自己完成の修行、九図と十図が利他、人の世のために貢献するということを表している。

「十牛図」の第一図から第三図までは、「習得する（わかる）」段階、第四図から第六図までが、「体得する（できる）」段階になり、第七図から第八図が、「無心無我（悟り）」となる。

その段階を経て、第九図と第十図で初めて、
「利他」、人のために生きる存在となる。
禅の教えが、悟りの先に「利他」まで見据えていて、
それはまさに、天風師の目指していたことと同じであった。

学ぶことも、仕事をすることも、商売をすることも、
お金を儲けることも、事業をすることもすべて、
利己から利他へのプロセスを経て、
人の世の幸福を向上させるという最終目的につながっている。

Keyword

有意注意力

感情的な人より感動的な人

傾注と集中は違うと天風師は教えてくれた。
傾注というのは「無意注意力」のこと。
美しいものを見かけたら自然に目が向く、
目の前を虫が飛び交ったら自然に目で追う、
そうした無意識の反応で「他動的注意」とも言い、
生物なら自然に出る反応。

また、一つの物事にとらわれ、
それ以外に注意が一切向かなくなるのは、
「集中」ではなく「執着」。
集中とは「有意注意力」のこと。
自分が特定した事柄に向かってフォーカスし続けること。
たとえば記憶力が弱いというのは有意注意力の欠乏状態。
有意注意力という本来の集中力が磨かれると、
太陽のように、どんな対象にも等しくフォーカスできるようになる。

天風師は、「有意注意力」のことを次のような例えで伝えた。

昔、柳生但馬守が未だ修行中の折、沢庵禅師に次のような質問をした。

「一本の剣は扱いやすし。されど、数本となれば、いかになすべきや？」

禅師答えて曰く、

「一本を扱うときと同じ心をもって、数本もやはり扱うべし」

聖徳太子は、手紙を書きつつ、他人と談話もし、

また数学の計算もするという驚異的な人だったという逸話がある。

プロの話し手は、大勢に伝わるように話すには、
大勢に話す心（みなさん）ではなく、
目の前のたった一人の人へ話す心（あなた）
が極意だと知っている。
一流の歌手は、一万人へ向かって歌うのではなく、
たった一人のファンへ向けて歌いかけると、
たった一人×一万人に届くことを知っている。

「集中」の先には、「三昧《ざんまい》」がある。
アスリートやアーティストが体験する
「ゾーン」や「フロー状態」がそれに当たる。
傾注と執着は、心に使われている状態で、
集中と三昧は、心を使えている状態のこと。
自分が心の主人になるか、奴隷になるのか。
その違いを、ドラマ思考では、次のように例えている。
心に使われると「感情的な人」になり、
心を使えると「感動的な人」になる。

感情的な人の話は聞きたくないが、
感動的な人の話はずっと聴いていたくなる。
感情的な人には「敵」が増えるが、
感動的な人には「ファン」が増える。
感情的な人は健康を害しやすいが、
感動的な人は運命と健康を維持しやすい。

たった一文字の偉大な違い。

Keyword

クンバハカ

最強の自然体になる方法

スピードと効率重視、情報過剰時代の今、
不安や恐れ、ストレスが高まり、神経過敏になる人が多い。
どのような環境でも本領発揮するには、
ストレスへの抵抗力をつける必要がある。
天風師がインドでヨガ哲学の修行中に悟りを得たと言われる
神経反射の調節法「クンバハカ」が役に立つ。

感覚なり感情なりの衝動、ショックを受けたときに、
体の三ヵ所を特別な持ち方にする方法が「クンバハカ」。
三ヵ所とは、肛門とおなか（丹田）と肩。
基本は「肛門を締める」。
そして、おなか（丹田）に力を込めると同時に肩を落とす。
この動作なら、いつでも、どんなところでも実行可能。
この姿勢を取るだけで、体の組織の抵抗力が違ってしまう。

感情的な出来事に遭遇したとき、とっさに自分の身を守るとき、

飛行機搭乗中に気圧の関係で高度が下がったりしたときにも、

「クンバハカ」は大変効果的。

習慣にするために、平常時に、深呼吸と共に練習する。

まず、肛門を締め、肩を下げて息を出す。

息が出切ったら改めて肛門を締めて、肩を落とし息を吸い込む。

吸い込んだときに、おなか（丹田）にぐっと力を入れてまた息を出す。

深呼吸中は、肛門は常に軽く締め続ける。

忙しい現代の環境で私たちの体は、
自然体からかけ離れた状態になっている。
東洋医学や気功でも、自然体が免疫力を高め、
最高の健康体をもたらすと考えられている。
禅にも「上虚《じょうきょ》下実《かじつ》」という教えがある。
自然体とは「上虚下実」、上半身の力が抜け、
下半身がどっしり安定している状態のことをいう。

肩に力が入っていれば、
自分の本当の実力は発揮できない。
病に向き合うときも、
肩の力が抜けていなくては、免疫力も発揮されない。
同様に、地に足が着いていてどっしりしていなくては、
本当の実力は発揮できず、免疫力も出てこない。
クンバハカの姿勢が取れると、元気という気が出る。
そして、エネルギッシュなパフォーマンスができる。

天風師は百年前に、この仕組みを伝えていた。

人間活動は、自然エネルギーから、電気、磁気、水蒸気という気を生み出し、文明を築きあげてきたと。

哲学的に言えば、

「先天の一気」から「後天の一気」を導き出した。

だから、日々、元気溌剌と生きることが、
人類の進化と向上に参加することになると教えた。

心のスクリーンに何を描いているか

大量の情報がほぼ無料で手に入る現代では、
「知っているけれどできない」という人が増えている。
価値ある情報が、本当に自分のものにならないのは、
心の中の大事なものが欠如しているからだ。
それは「信念」。

心の中で思ったり考えたりすることを、
心のスクリーンに想像力を応用して描くと、
それが強固な信念となる。
信念になると、それがいつかは具現化するのが必然の法則。
思考は人生をつくる。
潜在意識は、他から入ってくる印象の貯蔵庫であると同時に
経験したことをしまっておく倉庫でもある。
潜在意識は、人間の生命を活かし守る貴重な役割をすると同時に、
実在意識の思念するものを現実化するように自然に働く。

現在を生きがいのあるものにするには、想像力を使い、自分の念願、ビジョンを「はっきりと心に描く」ことを「絶え間なくやる」という技術に熟達すること。

普段私たちは、価値のないものをしょっちゅう心に描いているのだから、それは誰もが上手にできるようになると天風師は断言する。

天風師は、古今東西の偉人も信念の重要性を伝えているとして、次の2つの例を引いている。

人の本当の値打ちというものは、
宝石でもなければ、黄金でもない。
いわんや地位でもなければ、名誉でもない。
ただ、信念の二文字である。

――ヘブライのソロモン王

凡人というものは、
何事も信念なく諸事に応援するために、
自然に不可解な苦しみに悩んで、
不安な生涯を送ることになる。

――ゲーテ

では、人生にとって最も重要な信念は、
どうすれば確立され強くなるのか？
それにはまず、「信念を煥発すること」と天風師は教えた。
信念は、出たくてうずうずしているのに、
消極的な観念がそれに蓋をしていて出られないでいると。
信念の煥発に必要なものは、「暗示力の応用」。
「煥発」とは、火の燃え出るように、美しく輝き現れ出ること。
心に美しく輝く映像を、はっきりと絶え間なく描くと同時に、
自己暗示も連続的に反復する。

最も効果的な自己暗示は、
鏡の中の自分の眉間を見て、
自己暗示をかけること。
日中も何度でも行って良いので、
鏡を持ち歩くのは、
女性だけでなく男性も必須となる。

Keyword

独立自尊

神頼みより気高い理想を

他力本願でのみ生活するという人間の一番大切な理想というものが断然貫徹しない。

——『真理のひびき』

天は自ら助くるものを助く。
他力に依存する態度では、
自己自身から生まれる実現性を発揮することができない。
健康や運命が損なわれると、その回復や打開を、
すぐに他力に依存して解決しようとする人がいる。
他力依存は、主動力を他に譲るのと同様の結果を招くと
天風師は注意を促している。
天風師は、何かを叶えてもらうために祈ったり、
占いで未来を決めたりする「神頼み」をよしとしなかった。

神や仏というものは、尊敬するべきもので、頼るべきものではないと。
自分を救うのは、自分自身でしかない。
理想が楽しければ楽しいほど、信仰を求めなくても、
自分自身の人格の全体が、自然に立派なものにされるとした。
理想ほど、人の心を勇気づけ、積極化するものはない。
現代の人間は、何か自分が思いたった、考えついた、
やってみようとした事柄が長続きしない傾向がある。
それは、理想ではなく空想という。
理想とは継続する組織のある連想。

理想は、熱く、粘り強く、継続して想像を燃やし続けることで、初めて実現力や形成力が宿る。

もっとわかりやすく言えば、理想とは、想いが結晶化したビジョンや世界観。

スティーブ・ジョブズやウォルト・ディズニー、松下幸之助などの偉大なるリーダーの「ビジョン」や「世界観」などは、天風師がいう理想そのもので、人を惹きつけ世界を変える気高さがある。

ビジョンや世界観は、自分一人のものではなく、誰かと共に見てみたいと思う景色のことを言う。

理想は、フィロソフィーとして表現され、経営哲学にも応用される。

理想は、明確に細部までイメージすることで、実現力が加速する。

Keyword

情味

「あり方」よりも「なり方」

活きる事の努力のみに追はれて
生活の中の情味というものを味《あじわ》はないと
人生はどんな場合にも
真の活きかいというものを感じない。

——『叡智のひびき』

情味とは、しみじみと心に沁みるような味わいのこと。
生活の中の情味というものを味わって生きようとしないと、
ただ悲しいとか、苦しいとか、腹が立つとか、辛いとか、
人生の消極的方面にのみ、その心が引きつけられてしまう。
その結果、二度と還らない日々を価値なく過ごしてしまうことになる。
生活の中の情味は、物質的方面だけではない。
いかに豊かな収入を持ち、満ち足りた物質を得ても、
心がその生活の中の情味を味わえなければ、あるもなきに等しい。

常に注意深く、日々の生活の中から、
できるだけ多く、情味を味わうように心がけよう。
生活の情味というものは、
楽しいことがらの中にだけあるのではなく、
また、お金や物が豊かなときにだけあるのではない。
悲しいことの中にも、悲しいことがらの中にもある。
心の力を強め、広く深く、情味を見出すことに努めよう。

人生に対する心構えは、
「to be（ある）」ではなく、「to grow（なる）」であり、
人生を単なる「存在」として生きるのではなく、
人間は人間の心で、どんな人生事情も楽しみに振り替えて、
常に「生成」を心がけて生きよと、天風師は伝えた。

一見難しいように思えるこの真理を私は、
「あり方」よりも「なり方」が大事と直感的に知っていた。
「あり方」は固定し止まってしまう印象があるが、
「なり方」は常に進化成長のエネルギーを保有すると。

Keyword

楽しい欲望

感動の創造

サクセス（Success・成功）という言葉のもとは、
「サクシーディング（Succeeding）」という言葉。
サクシーディングというのは、
「受け継いで、続けて生み出す」
という意味なんだ。
絶えざる創造への活動がもたらす自然結果を
「成功」と言うんだよ。

――『盛大な人生』

人の喜びをわが喜びとする。
それは、天風師が最上級の欲と呼び、炎と燃やせという大欲。
ビジネスと人生に自他感動を創造する平野メソッドから、
ひと味違ったその具体的な実践法を紹介する。

人間には、お互いの感情を共有できるセンサーがある。
人を喜ばせると自分も嬉しく、
人を幸せにすると自分も幸せを感じ、
人を感動させると自分も感動する。
感動は共有することで大きく深くなる。

自他感動の原則を忘れると、おもてなしもサプライズも、
単なる形だけの作業になり、効果は薄れ継続できなくなる。
人の心を動かす仕事は、本人の感動記憶が源になる。
誰かに喜ばせてもらった記憶は、忘れているように見えても、
記憶のハードディスク（潜在意識）に全部記憶されている。
それを、「恩のデータベース」と私は呼んでいる。
人生を遡ってみれば、私たちはそのデータベースから
様々な価値あるアイデアや事業や偉業を
生み出していることに気づくことができる。

勇気をもらったこと、
教えてもらったこと、
背中を押してもらったこと、
育ててもらったこと、
感動させてもらったこと、
助けてもらったこと、
励ましてもらったこと、
元気をもらったこと、
お世話になったこと、
許してもらったこと。

人間の心の中にある最高の宝物は、「感動記憶」。
成功者はかなりの確率で、この本質的な真理に気づいた人が多い。
人は社会的生き物である以上、一人では生きていけない存在だ。
どれほど成功している人も企業も、
顧客という他者がいなくなれば、一瞬にして価値はなくなる。

箱根山、駕籠《かご》に乗る人かつぐ人、してまた、その草鞋《わらじ》をつくる人

天風師がよく使う格言にも、そのことが表現されている。

成功も感動もすべて、他者との関係性の中に存在する。
毎日の食事も、さっき飲んだ珈琲も、電車も、テレビも、
すべて世界中のたくさんのシステムの恩恵を受けて、
自分という個人システムとつながっている。
社会の分業化が進み、
つながりが見えにくくなっているけれど、
目の前の製品をたどるだけで、
驚くような数の人間が関わっていることに気づける。

自分が生み出した価値が、
会ったこともない誰かの幸せにつながっている、
という可能性に想いを馳せたとき、
目の前の仕事の彩りが変わる。
人が社会に生み出してきた価値は、
ゼロから生み出されたものはなく、
何か（誰か）とのつながりの中から生み出されてきた。

誰もが人との関わりの中で、勇気や情熱、ねぎらいの言葉、親切、心配り、自分に向けられた素敵な笑顔など、たくさんの喜びや感動をもらっている。

もらった喜びや感動は、日本語で「恩」と呼ばれる。

恩をもらった人に返すことを「恩返し」。

恩をもらったのに知らんぷりする人を「恩知らず」。

もらった恩をその人に返すのではなく、
自分を通して他の人に送っていくことを「恩送り」と言う。

江戸時代には日常的に使われ、実践されていたという。

恩返しは、当事者どうしの世界で終わってしまうが、
恩送りは、社会全体に拡がっていく。
人間の創造活動の根底には、親や兄弟、
友人や師からもらった知恵や感動という恩を、
仕事を通じて誰かに送ってきたという関係性がある。
価値を創造する際の飽くなきモチベーションや、
尽きることのない勇気や発想のパワーは、
ゼロから生まれたのではなく、
誰かからもらった恩がその基盤になっている。

もらった恩を、想像と創造のデータベースととらえれば、
一人の人間の中には、溢れるほどの宝物が詰まっている。
最近では使われなくなった「恩送り」という言葉。
もらった恩をそのまま「送る」のではなく
内側に眠るたくさんの恩を創造的に組み合わせ、
ギフト（贈り物）として未来へつなぐという意味で、
「恩贈り」として実践しよう。
誰かにもらった感動の記憶をもとに、
人の喜びを自分の喜びとする最上級の欲を炎と燃やしながら、
最大限に本領発揮した感動の人生を生きよう。

Keyword

感情が運命を拓く

明日死を迎えるとしても

本当の幸福とは、
自分の心が感じている、平安の状態をいうのだ。
幸福は向うから飛び込んで来るのではない。
自分の心が、幸福を呼ばなければ、幸福は来やしない。
感じるのは心だ。
すべてのことを幸福にしてしまおう。

――『運命を拓く』

「感情が運命を拓く」とする天風哲学は、
感情について次のように伝えている。
「できるだけ平素、幸福の方面から人生を考えよ」
人生に対する考え方を切り替えないかぎりは、
人間の幸福というものは実現しない。
つまらないことに泣いたり、怒ったり、心配すると
本当に泣かなければならないとき、
本当に悲しまなければならないときに、悲しめない。
常に、感謝と歓喜を心から失わないようにしよう。

プラスの出来事もマイナスの出来事も、
思考が深刻であればあるほど、自分に引き寄せてしまう。
どんなに富や地位ができようが、どんなに境遇が良くなろうが、
環境を呪い、運命を悲観すれば、本当の幸福は実現しない。
座ると同時に立つことができないように。
同時に反対のものが二つは出ない。
歓喜の世界に悲哀はなく、感謝の世界に不満はない。
光が閃けば闇は消える。

天風師は、九十歳のときの講演で、次のように語った。

四十や五十はもちろん
七十、八十になっても情熱を燃やさなきゃ。
明日死を迎えるとしても
今日から幸福になって遅くないのです。

――『君に成功を贈る』

悲しければ明日悲しもう

凡人は、何事に対しても、
常に不平や不満を心に持って、人生を暗くしている。

天風師はインドでヨガの師匠に言われた。

「痛いと言って、病が治るか。つらいと言ってつらさがなくなるか」

「今日は熱があると言って熱が下がったか」

「自分の気持ちを、自分自身で、もっとにこやかにしたらどうだ」

「なるほど、よく考えてみれば、子供でも知っていることを、大人になった私はわからなかった」と大いに納得したという。

一生は、何百年生きたとしても、二度とは来ない。

せめて、生きている間は、どんなことがあっても笑っていこう。

宇宙のエネルギーは、歓喜と感謝という感情で通路を拓かれる。

同時に、人の生命の上に迸り出ようと待ち構えている。

最大最高の歓喜と感謝とは、「功徳の布施」、つまり、「喜びのわかちあい」から生まれると天風師は教えてくれた。

明日という日は、永遠に来ない。
寝て、覚めて、明日になれば、明日は今日になる。
だから、明日という日は、いくら追いかけても摑《つか》まらない。
だから、悲しければ明日悲しもう。
消極的なものは、ふっといなしてしまえばいい。
新幹線にまともにぶつかれば、粉々になるが、
瞬間ヒョイと身をかわせば、新幹線は通り過ぎてしまう。
消極的なものを自分に入れないと頑張るのではなく、
相手にしないことだ。

ふたたびは　来らんものを　今日の日は
ただ　ほがらかに　活きてぞ　たのし
悲しくば　あす悲しまめ　今日の日は
光うるおしく　吾れを　照らすを

——『運命を拓く』

あとがき

百年続く成功哲学「心身統一法」の創始者であり、自己啓発の日本最高峰、中村天風師の名と教えは、天風会講師をしていた父の影響で、幼いころから常に意識の中に存在しておりました。

大学に通うタイミングで実家を出てから、天風師のことは、もう何十年も記憶の彼方に過ぎ去っていました。

父が天寿をまっとうし、天国へ旅立ったとき、実家の父の机を何気なく見ると、そこには、天風師のたくさんの著作と父の講演用ノートが整然と並べてありました。

それはまるで、私に手渡したかったかのように。

それから数年の時が流れ、不思議な偶然で、天風師の教えを伝える公益財団法人天風会とのご縁がつながれました。

当時の理事の方々に、父とのご縁の厚かった方が多く、私に父の面影を見てくれたのだと思います。

そしてこの度、そのご縁が発展し、天風師が辻説法を始めて百年という記念すべき節目の年の直前に、本書を上梓するという巡り合わせとなりました。

天風師の教えに関しては、諸先輩方が、たくさんの素晴らしい本を上梓されていましたので、私が書くならきっと特別な役目があるはずと、一年にわたり想いを深め、このたび「新訳」という切り口にチャレンジさせていただくことになりました。

執筆期間中、私の机の周りには、天風師の息遣いが聞こえるような珠玉の名著たちが、ぐるりと並んでいました。

そして時々、在りし日の天風師の講話のお声を聴きながら、天風哲学のエッセンスが細胞に沁みわたっていくのを感じつつ、文章を書き続けました。

書き始めてしばらくして、そのあまりにも広く、深い教えの大海の中で溺《おぼ》れかけ、筆が進まなくなったときもありました。

しかし、天風哲学が、日本の精神文化、武士道精神、五輪書、ヨガ哲学、仏教、心理学、東西の成功哲学等を、天風師の実践体験を経て体系化した、究極のブレンド哲学であることを知ってから、少しずつ筆が進むようになりました。

私自身のメソッドも、たくさんの人生の師や世界中の偉人たちの肩の上に乗って、見出されたことを思い出したのです。

今回初めて、中村天風師という巨人の肩を借りて、その上に乗り、今の時代を眺めた景色には、想像以上の感動の地平が拡がっていました。

原稿を書きながら、自分自身の人生の転換期にもなり得る経験を今しているのだという実感と自覚が、私の心を何度も震わせてくれました。

私自身は、真理という頂上を探究する道を、天風哲学とは別のルートで登っていると思っていましたが、今回の経験でその道はとても近い道であったことを知りました。

あの頂で会いましょう。

そんな天空からの声を心に感じながら、私が見出した真理への道「ドラマ思考」とその実践法「感動力」をブレンドさせていただき、本著作が完成いたしました。

中村天風師、公益財団法人天風会の大久保信彦理事長、宮田興子前理事長、村里泰由前専務理事、本の企画を後押しいただいた「ほんをうえるプロジェクト」の吉村博光様、編集を担当していただいた講談社の村上誠様、執筆中、心を寄せアドバイスや応援をくれた盟友たち、そして、天国の父への、私からの恩贈りの書となりました。

企画から執筆までの一年間、とても楽しい欲を燃やさせていただきました。

読者の皆様の喜ぶ笑顔を楽しみに、筆をおかせていただこうと思います。

平野秀典

エピローグ

寓話「あなたという贈り物」

――感動プロデューサー　平野秀典　作

昔々、
それは、はるか昔のことだった。

あるところに、
とても謙虚で心優しき旅人がいた。

有り余るほどの財産をほとんど使わずに、
一生懸命に旅を続けていた。

そんな旅人が、旅の途中で、
不思議な哲人に出会った。

その哲人は、
思いもかけない話を切り出した。

あなたの中にある、
潜勢力という財産を使いなさい。
そうすれば、きっといいことがある。

旅人は戸惑ったが、
哲人の語る不思議な物語に、
次第に惹きつけられていった。

哲人と一緒に旅を続ける中で、
体験するひとつひとつのシーンが、
心の奥底のなつかしさを呼び起こした。

欲を捨てるな、 炎と燃やせ。

その言葉の意味するところを知ったとき、
かつて経験したことのない感動が、
旅人の心の奥底から湧きあがってきた。

そして旅人は、
自分の中にある
有り余るほどの財産を知った。

お礼を言おうと思い、
哲人を探してみたが、
いつのまにか煙のように
消え去っていた。

旅人は、自分の財産を、
旅の途中で出逢った
他の旅人に分かちあいはじめた。

旅人は、
たくさんの人から
感謝されるようになった。

いいえ、どういたしまして。
私はただ、頂いた贈り物を
差し上げただけですよ。

それが、不思議な贈り物で、
差し上げても差し上げても、減らないんです。

そうそう、
私自身が贈り物だって
気づいたんです。

だって、この命、
お金を払って買ったものじゃ
ないですから……

旅人は、
世を照らす灯台になっていた。

参考文献

『盛大な人生』中村天風（述）日本経営合理化協会出版局
『成功の実現』中村天風（述）日本経営合理化協会出版局
『君に成功を贈る』中村天風（述）日本経営合理化協会出版局
『運命を拓く 天風瞑想録』中村天風（著）講談社文庫
『叡智のひびき 天風哲人箴言註釈』中村天風（著）講談社
『真理のひびき 天風哲人新箴言註釈』中村天風（著）講談社
『いのちを活きる 哲人中村天風創見 心身統一法解説』杉山彦一（著）天風会
『中村天風と「六然訓」 変革を実現する哲学』合田周平（著）PHP新書
『真人生の探究』中村天風（著）天風会
『走ることについて語るときに僕の語ること』村上春樹（著）文藝春秋
『人とチームの魅力を引き出す ドラマ思考のススメ』平野秀典（著）あさ出版
『感動力の教科書 人を動かす究極のビジネススキル』平野秀典（著）ディスカヴァー・トゥエンティワン

公益財団法人天風会

天風会は、人間が本来生まれながらにもっている
「いのちの力」を発揮する具体的な理論と実践論である
「心身統一法」を普及啓蒙している公益法人。
創立は1919年(大正8年)、中村天風が自らの体験と
研究の成果を辻説法という形で
人々にうったえかけたことが会の始まり。
1962年(昭和37年)に国より公益性が認められ
厚生省(当時)許可の財団法人となり、
2011年(平成23年)に
内閣府認定の公益財団法人に移行した。
2019年には創立100周年を迎える。
全国各地に賛助会を組織し、
誰でも気軽に参加できる講習会、
行修会など各種セミナーを開催。

[問い合わせ先]
〒112-0012 東京都文京区大塚5-40-8 天風会館
TEL：03-3943-1601
公式サイト：https://www.tempukai.or.jp/

平野秀典（ひらの・ひでのり）

感動プロデューサー、講演家、作家。一九五六年生まれ。立教大学卒業。

一部上場企業のビジネスマンの傍ら、演劇の舞台俳優として一〇年間活動。

その経験から独自の感動創造手法を開発。独立後は、日本で唯一の感動プロデューサー®として全国の企業へ講演・指導を行い、心が持つ可能性を伝え歩いている。

父親が天風会講師や賛助会代表をしていた関係から、幼少のころから天風哲学の影響を受け、成功哲学や心の可能性に関心を抱くようになる。

講演・指導先には、日本マイクロソフト株式会社、レクサス、パナソニック株式会社、武田薬品工業株式会社、ソニー生命保険株式会社、キリンビール株式会社、株式会社伊勢丹、株式会社成城石井など一流企業を中心に一〇〇〇社を数え、受講体験者は二〇万人を超える。

著書は、『感動力の教科書』（ディスカヴァー・トゥエンティワン）、『ドラマ思考のススメ』（あさ出版）、『ＧＩＦＴの法則』（日本経済新聞出版社）他、国内出版15冊、海外翻訳出版12冊。

［平野秀典公式サイト］ https://www.kandougift.com

企画協力　公益財団法人天風会
トーハンほんをうえるプロジェクト

ブックデザイン　鈴木成一デザイン室

感《かん》動《どう》の創《そう》造《ぞう》 新《しん》訳《やく》 中《なか》村《むら》天《てん》風《ぷう》の言《こと》葉《ば》

二〇一八年十一月二十七日　第一刷発行

著者　平《ひら》野《の》秀《ひで》典《のり》

発行者　渡瀬昌彦
発行所　株式会社 講談社
東京都文京区音羽二丁目一二－二一　郵便番号一一二－八〇〇一
電話　編集〇三－五三九五－三五二二
販売〇三－五三九五－四四一五
業務〇三－五三九五－三六一五
印刷所　慶昌堂印刷株式会社
製本所　大口製本印刷株式会社

ISBN978-4-06-513783-3